Oráculo de sombras

Jimmy Valdez-Osaku

# ORÁCULO

## DE SOMBRAS

MEDIAISLA
*Azares y navíos*
Kingwood, TX 2016

Copyright © Ismael Cruz Medina
Colección ***Azares y navíos No. 11***
Todos los derechos reservados

http://mediaisla.net

Prohibida la reproducción total
o parcial de esta obra, sin la autorización
del autor o la editorial, por cualquier
medio o procedimiento informático,
de acuerdo con las sanciones
establecidas por las leyes.

Primera Edición: junio de 2016

ISBN: 978-1-365-19116-9

Publicado por: ***mediaisla editores, ltd/lulu.com***
Correo electrónico mediaisla@gmail.com

Diseño de portada: © **JULISSA IVOR MEDINA**
Concepto y diseño de interior: **MEDIAISLA EDITORES, LTD**

Para Alfred Moskowitz
in memoriam

*Escribo el poema en el revés del día,*
*sin escribirlo, dejando la ficción para después…*
**Paulina Vinderman**

# Oráculo de sombras

## Preámbulo

El Alma (legumbre de manchas infantiles, pecaminosa) tiene hijos noctámbulos, macilentos, tímidos hasta el derramarse en el vientre.

El Alma, poblada de charcas y renacuajos hendidos en el aire, en la contraria ranura por donde cabe un puño hasta plegarse en dirección opuesta al vértice de lo terrenal (inevitable como astillado fruto en las criptas de la boca) se llena de cuervos, respira la alelada mueca del reflejo (a duras penas puede sostener la indigente sombra de sus muros). El Alma, una niña turbada en los recintos del miedo, grita, araña, lanza objetos de manera absurda, se reconoce en el barro, en el vestidito manchado, en la sangre de lo roto tras el paso pestilente del horror.

CORRE HASTA LA MADRIGUERA, incierta, esperanzada, burlando la trampa (la jauría, los guardias persecutores portadores de ballestas, lanzas, mazos, cuchillos filosos, morras de aguardiente, con sus cascos y al trote sobre bestias) inquiriendo el rastro, la inexplicable huella, el descuido agazapado de la sombra, el miedo que se excreta ante el horror visto, el eco a tambor bombeando sangre.

Huye a lo más profundo de sus noches. Abriendo un paraguas (en las proximidades se despeñan las aguas de los saltos).

Un jabalí sale de la espesura, trae cría. Ella empuña el áspero borde de una piedra. El animal escudriña el aire, recula, vuelve al lugar del asecho.

Y después de haber caído la noche, llegando la madrugada, igual de oscura, igual de aleatoria, posando la mano izquierda sobre el pecho —engendrando otro perfume, otra silueta que tropieza en las pestañas—, se levanta para seguir huyendo, dentro, muy dentro, en los remiendos del despiadado espectáculo de las máscaras, en el jirón de las arterias, con un paisaje molido de recuerdos, de patria amarrada a los vocablos del odio

## Cada habitación da al recuerdo de lo que fue la infancia de este mundo

A MIS MANOS LAS SOMBRAS, los abismos, el pórtico helado del destierro. En mis manos un azul estremecido por resquicios de niebla (todo lo que veo respira la temeridad de los hongos, lo furtivo del daño en resquemor).

El enemigo salta de una habitación a otra, se oculta, dispara desde los huecos, desde las hendiduras sepultadas en la nada.

Yo busco la ventana, me impulso, caigo hecho un nudo sobre un montón de cadáveres (igual me arrastro. Igual despisto el silbido de las balas).

No tengo idea de si subo o bajo las escaleras, resulta triste preguntar (lo que asecha es tan insondable como la vida misma).

VIAJAMOS CON TODAS LAS MEDALLAS colgadas del pecho, como un abnegado cónyuge de las grietas: nos pega el viento a la infame orilla, al espesor alado de argamasas, catapultado al dejo enmudecido de lo agónico.

La ciudad entra de madrugada en una suerte de parada de tortugas, insistimos en creernos vivos; metidos en la imposible hilera que no avanza. La noche convertida en hordas y el apenas progresado de unos cuantos pasos ganados al timón de lo acre.

Tenemos miedo, es lo común de nuestros días, sentir miedo de cada cosa, como quedarnos varados en el medio de la nada, a la espera de cualquier disparo.

Las sábanas en blanco bullen en las paredes del cráneo; avivan el largo ombligo que es la lengua, penden de un botón, algunas se parten como almejas y caen a los pies dejando un rastro de sales, ese hormigueo colapsado por la acidez lloviznada de una tarde, con aquellos muros desnudos y la incrustada punta de la herrumbre.

MI MADRE PIENSA QUE EL MAR ES UN MOLINO (como si el viento fuese la otra costilla, la faltante).

Guiña los bosques más azules en la negra pupila del patíbulo: sustrae cuencas, acorrala torsos, sopla carruseles.

Así es mi madre (gimnasta fotosensible, limo de ebriedades, guepardo enmascarado de redondos espejuelos en las uñas).

Ella viste la cascada silueta de los puntos suspensivos... Solo sabe mirar y sonreír y matar sin remordimientos.

¿QUÉ HAREMOS PARA PONERLE NOMBRE a este infame asedio de despojos, a ese resabio insolente con el que tanto se planifica la misma y autómata estrategia de convocar a cuanto náufrago se conoce, a todo lo exánime y desencajado; lo ilegitimo con sus broches de reclamo en la búsqueda antigua de las promesas: qué mesa redonda nos servirá de atelier camino a la muerte?

DESPARRAMADOS COMO NEGROS PRESAGIOS, todos los cuervos vienen a posarse en lo inminente (curioseando e ineludibles, bajo la cobijada reincidencia estéril): deletreamos un puñado de frases inacabadas (sopla un bosque su bandada de pámpanos).

Buscamos lograr todas las aleaciones, no importando el chamuscado negro en la camisa, el coagulo eréctil de todas las desgracias… Esta es la actitud ante la vida, un fenómeno extraño nos inmola.

BUSQUÉ A MI MADRE TODA LA MAÑANA. Busqué a mi madre toda la noche. Busqué a mi madre ofreciendo un trozo de pan como recompensa.

Busco a mi madre. Busco sus manos. Busco su aliento. Busco la hermosura de su pelo blanco.

¿Estás?

EL HORARIO, EL ESPACIO, LA INSURRECCIÓN (siluetas en la cama, bosque negro). Lo que araña la puerta es apenas un descosido trasto de niebla, un graznido, el jaco que, asustadizo con las pausas de la noche, resopla cierta hibridez arrebolada de centauros.

Abro mi costado (lado izquierdo) para abrazarla con el desvelo manso de la certeza (siendo mi beso el que se posa sobre su frente, lo más íntimo de cuanto soy).

Cambia su mirada con el instinto indecible de ciertos espejos. Lo anónimo de un fantasma aletea sus alas, se desprende de un árbol, vuela lejos. Yo me ocupo de pensar en el quizás…

AYER VINIERON, DERRIBARON LA PUERTA. Entraron con sus perros para revisarlo todo, incluso la desnudez en la que me encontraba. Llegaron a patearme, hurgaron con sus botas la menor provocación o disidencia.

Me tomaron por el pelo, sentándome de un tirón en el sofá y me abrieron las piernas como si yo solo fuese una puta malparida, buscando a dedo el menor rastro de dignidad, cualquier apresto a defenderme, alguna cosa sospechosa.

Se quedaron aquí por un buen rato, más de lo usual. Llegaron a divertirse: me escupen, me ultrajan, llenan de excremento las paredes, fornican entre sí, me violan. Apagan sus cigarrillos en mis glúteos, se cansan de verme, entonces me encierran en el baño o en el closet y hasta han ensayado con fusilarme vendándome los ojos, para luego lanzarme contra la pared o a cualquier rincón radioactivo.

En realidad no sé qué buscan, ninguna cosa han encontrado más que la propia paranoia, la podredumbre tan asida al alma; solo ese miedo, esa cobardía tan atroz, tan siniestra que cuece sus noches, que les obliga a esconderse de las pesadillas con píldoras para el insomnio y una pistola como almohada.

Pero igual amanece, igual siguen viniendo en hordas, los de un bando y el otro… Igual acusan, igual acosan; vigilan lo que sucede en la calle mientras usan sus técnicas de castigo para asegurarse que lo que piensas pasa por el cedazo de la censura…

Unos ocupan en día domingo, los otros regresan a la menor duda, sin que el ciclo jamás termine: siempre confesamos, juro que siempre lo hacemos.

Aquí todos encubren algo. Todos tienen como baúl alguna parte del cuerpo. Un botón codificado, doblado como papel en alguna ranura de imperceptible escondrijo. Por eso nos velan, hay micrófonos cada dos pasos; la desnudez resulta la única opción posible a la hora de saltar a las calles. Somos la más amenazante de las bestias: bajo nuestras ropas podríamos ocultar la sonrisa asesina de un cinturón de explosivos.

LADRIDOS Y ESTALACTITAS (todo reposa, todo aguarda). La mecánica de un beso se posa en las pestañas. El cuerpo resplandece de proximidad, se hace ovillo, busca algún rincón, algún resquicio, lo innombrable en la estantería de los libros (eres hermosamente inequívoca).

Ni una sola palabra, ni un solo deseo. ¿Qué sería de esta barraca sin que existiésemos imperecederamente rotos?

Ya dirás algo. Ya ensartarás alguna querella (llorarás como siempre o como antes o en la forma de humareda, con las pupilas en niebla como cáliz de insondables amarras).

He extrañado hasta la muerte tus miradas, tus preguntas, tus gestos de incredulidad y desencanto (amo de ti hasta la desdicha de nuestra mansedumbre; ese esperar por un guiño, por una rodaja, por un quizás que nos arranque del infierno).

El viento remolca enrarecidas cenizas vociferantes. El aire apesta. Arriban nuevos trenes (conjugo internamente lo disperso). Beso tu frente. Sacudes rotundamente el cuerpo. Tiemblas…

EL CORAZÓN (DOS VECES MARCHITO) bien puede falsificar su agonizante presencia con una pose deliberada de nostalgias y sueños.

Seguro que será posible predecir el latido diurno de la lluvia… allí, graznada en un cuervo de blanca sombra, recóndita y cotidiana, extirparemos los ojos al susurro, a las noticias del daño, al alimento con el que sostenemos las jornadas de degüellos, el canto de las bestias, el templo inanimado, la escultura visceral cuyos andamios duermen la siesta larga de un espasmo.

Así, vistiendo el esbelto alquitrán del lenguaje, lo deforme en la garrocha de un atleta manco, a nuestros pies sentaremos diez botellas descalzas, diez moscas, diez centauros, y esa sombra, y ese recado y esa majestuosa orfandad de prósperas amarras corrosivas, tan inseparables como puñales pavorosos en el alma enferma de los presagios.

Otra vez cortaremos una pequeña tira de las carnes, un tajo de sustancia viva, el pequeñísimo bícep de los latidos (la sombra seguirá comiendo de las manos, picoteando hambrientamente el hueso ensangrentado en la sonrisa).

HE AGUARDADO CON LAS MANOS ATADAS en lo descalzo de las obliteraciones. Tu llegada lo cambia todo: abres la puerta y entras a la casa sin exagerarte mucho, sin mayores ilusiones, como sacudida de alguna manera por lo desvencijado del techo. Te fijas en la sonrisa, en el tropiezo de alguna manecilla (igual estás dispuesta). Cada quien adapta a su tragedia el panorama más oscuro para venderlo.

Ya no fumo, voy con menos tardanza a la cama. Intento poner solo un chorrito de whisky en el café que tomo a lo largo del día.

Tenías razón con aquello de las mezquindades (ahora comparto todo con los perros vecinos, algunos hasta llegan a dormir debajo de la mesa).

De buen gusto te ofrezco un vaso de leche, una ensalada de tomates, cualquier cosa que se te antoje, conoces más que nadie la cocina.

Es tan agradable recibirte después de tanto tiempo… pronto lloverá, lo puedo sentir en tus ojos.

CUANDO SANGRO NO ES POR TU AMOR. Las borracheras no llevan tu nombre. Si fumo, igual me enrosco como tarja (nada que ver contigo). Ando con los mismos abismos de siempre, las mismas cejas arqueadas, el paso mísero de los insomnios (soy en efecto el zapatito azul en los aullidos de una cría mal alimentada).

Si es que decido escribir, lo de tu nombre es solo el patrón usado como pie de amigo (mecánica un tanto remisa, despreciada, recia, aunque para nada absurda).

Bebo, expliqué antes, tan solo para activar las neuronas. Ellas surfean sobre olas etílicas, sobre trombas de ron, en mares de cervezas (lejos de toda proximidad, de todo dejo sarcástico, de la infesta esperanza de un regreso, de un tal vez).

Quizás recuerdes, quizás no, a mí poco me importa. Llevo años en la feliz aventura de jugar a las pinceladas en los rostros asimétricos y escayolados de la muerte… Llego a casa, me quito la ropa, me siento en el sillón, encuentro el ombligo en la crecida panza; luego juego a las masturbaciones escondiéndome tras la saga de cualquier revista porno.

(Tú) que no me quieres ver, ni sentir, ni enterarte, muy seguro sabrás que todos mis orgasmos fueron fingidos (lo aprendí viendo películas en francés) debiendo de enterarte además que el doctor me ha dicho hoy que no tengo cáncer, que solo es reflujo gástrico, nada del papiloma en la garganta (me hubiese gustado causarte pena).

DE TI yo solo sé lo que me dejas saber silenciosamente (dejas unas fotos, unos besos al aire, una frase de esas tristonas).

—¡Qué infame parece estarte yendo!-

NO ME ENVÍES MÁS POEMAS, dijo. ¡No me muestres más los lienzos que terminas. Jamás me busques, jamás inquieras en forma alguna el que me asome al infierno de la calle (la mía) pautando otras infamias, las de siempre!

¡La veo en todas partes! Gritaba enfadadamente mientras cerraba la puerta de un portazo (supongo que bajaría las escaleras en términos parecidos; nublada según la costumbre, muy ensimismada en los demonios).

Y han pasado semanas desde aquello. Yo en silencio, ella desaparecida… Cae nieve, hace tormenta y por primera vez el dejo maquinal de una tristeza «ambigua, cínica, perversa» humedece en mi lengua el calcinado estrago de los besos. Mi pequeño aposento es como un túnel transformado en bandera desplegada (catafalco estrambótico, piara, ausencia)… Nada de que asustarse (promuevo en neón fosforescente sobre mi cama).

Ella puso ciertas cosas en orden. Inventó alguna silueta en su cabeza: un bar, el tatuaje de rosas sobre el hombro derecho, la intuición al acecho del hombre lobo (asomando e invitando un trago como es la regla).

No pongo en dudas que atrapara algún olvido…

NUNCA LES HE DICHO el nombre de mi hermano. Madre quiso llamarle Dante, pero mi padre eligió un nombre más común, uno más cercano a sus emociones, le llamó Ernesto.

Hoy la casa está llena de esas cosas sin valor utilitario. El estrecho pasillo huele a tereques recogidos en las ferias de segunda mano (unas mesas, unos tarros, cristalería, estantes, flores plásticas: ese sin fin de propósitos cojos, insondables como el recuerdo de otros tiempos, de otras manos, de alguna muerte).

Igual la cocina, siempre bullente como un caldo de huesos, de atmósfera rala y desvencijadas sillas de guano. Allí mi madre pasa sus horas (dubitativa, instintivamente nonagenaria, físicamente en los cuarenta y tantos).

Mi hermano, al estar en casa, revisa cada estrafalaria cuestión del quehacer cotidiano. Pone especial interés en el nido de cuervos que él mismo colocó en la cornisa (esperando que alguna cría asome al fin la cabeza)…

Yo escribo, mi hermana fornica. Los únicos dos disponibles al trato con terceros (la casa solo conoce dos tipos de ruidos: el de mi hermana pidiendo más mientras le empalan el cuerpo y el mío, cuando con la escoba golpeo el techo y grito para, que por favor, controle la desnudez con la que le desgarran la vida).

Ernesto es un buen tipo. Sale o regresa siempre en silencio. Algunas veces dura fuera de casa unos días, otras veces regresa a las horas con cierta sonrisa invernal en sus ojos. Madre le ama, madre le mima, madre le cuida y lo lleva a la cama como cuando era niño. Mi hermano trae el dinero con el que vegetamos todos (constantemente al servicio de algún funcionario, otras a cuenta de intereses empresariales: Ernesto tiene muy buena reputación en el oficio).

"Hay sobre la tierra millones de hombres que sufren: ¿por qué estáis al cuidado de uno solo?", pregunto vociferando y citando a Tolstoi (tanto mi hermano como mi madre entran al aposento; mi madre me abraza, mi hermano besa mi frente… Ni una sola palabra como es la rutina).

ES LA NUPCIA. El dedo que se casa con la izquierda mueca de un aro. Es la nupcia (yo en la herida intentando resistir lo insondable). Todo adquiere esa espesura mental de contraindicaciones vocales; la sábana apesta como a coágulos rancios en la estática de los sentidos.

Acumulo navajas de secretas ceremonias repugnantes; numen de caídos, bitácora de mancos orificios de la oreja (hurañas sombras circuncidadas).

Me desposa un cerco de espacios piliformes, una barrera ininteligible, la criatura adoctrinada del papel.

Es la nupcia (solo mi madre sostiene en sus ojos lo eventual y cotidiano de los cepos).

PASA QUE A CADA COSTUMBRE, que a cada fosa, que a cada letargo en que mastico el ensimismado reflejo de una vulva, he puesto el nombre de sus atributos.

El «todo o nada» fue su apuesta (siendo un imposible obcecado y turbio).

—Te ofrezco todo un mar de violentas alegorías, el azul amniótico sumergido en las colinas, lo relente de una habitación a oscuras, la desalmada fisura en el plano izquierdo de mi torso —ella no aceptó, no quiso aceptar.

Poseer mi tristeza, poseer las entrañas, poseer el cuenco venenoso que es el descalabrado instrumento de lo irascible (ser deidad, ser vacío, la nada) o sea, catequizar la muerte per se; convertir en víspera lo que ya es noche, convulsionar sus cimientos, prescripción de juncos en los jardines de piedra.

Y he estado triste desde entonces (llegaba a casa, saludaba a mi madre, algunas veces se encontraba con mi hermano; siempre con una sonrisa en sus ojos) pues llegó a ser rutina soportar sus ensimismamientos, la locura secuencial siendo mudo testimonio de siluetas.

Yo escribía y ella, sentada en un recodo de la cama, muy desnuda de principios, observaba atenta la gris persecución indiferente (solo de vez en cuando susurraba algo o gritaba «¡Basta!», con los muslos abiertos de su carne).

Y entonces decidió que no aguantaba más. Que no era justo vivir de subterfugios, de paréntesis. «¡Jódete!», me dijo, mandando a la mierda a todos los japoneses.

Seguro que ha llevado para sí cosas ocultas entre sus ropas (me falta uno que otro cadáver).

LE ESCRIBÍ. Mandé mensajes. Insistí en la amistad de bolsillo, esa que es llevada de un lado al otro de extranjera, como mula cargando tiestos y estameñas en las alas (para ella la decente muerte de un disparo acomodaría muy bien en la gris habitación de mi cabeza).

No sé cuándo comenzó lo de sus odios (tampoco sé el cómo mi hermana bajó de su nido aquel día diciendo que se casaría con el primero de todos que a favor de sus destrezas jurase abandonar los hábitos. No le ha ido muy bien con los del claustro, aparecen y van en procesión).

Ella sólo manifestó el breve cumplido de unas líneas. Escribió: «Estimado tú, me he de acostar con cualquier hombre que me parezca (muchos de ser posible)… Perder de un fantasma es la cosa más idiota e inverosímil de todas; por lo que pienso hacerme un nuevo *tattoo* como advertencia, como fallo (el único dolor que debemos permitirnos). Quisiera (y esto es con lo mejor de mi ser), que no pases de dos cervezas por noche; las resacas se te dan muy mal, necesitas escribir para estar vivo… Por mi parte prometo no caer nueva vez en la trágica aventura del amor. Los poetas carecen de diafragmas, de gástricas secuelas con las que puedan procesar lo que les circundan; la puta realidad y sus eructos».

¡Qué admirable es! Me  he repito muchas veces. Es casi un poema la estocada (tanto mi madre como mi hermano ensayan nuevas pócimas asesinas: la cocina es el laboratorio).

SUS OJOS ESTABAN COMO lo estaba su sombra (de ligeras brisas era la tarde). Negros, profundamente ensimismados en la expresión endémica del cristo.

Mi hermana tiene esa forma peculiar de mirar las cosas (se detiene, cruza sus manos, levanta la cabeza y como de piedra o sal queda hecha una estatua).

Parece que respira trazas de un etéreo instrumental sacudiendo el tálamo. Bostas carnívoras cuyas falanges muerden genitales, vomitan cruces, proscriben nanas, buscan en los despojos de Guernica tristezas más oscuras, pinceladas en gris, la llaga profética de la Luftwaffe.

El horror trasciende lo común de los miedos. La sal se hace promontorio en el alma asustada de mi madre (sus ojos posados en la espalda, rotos, difusos).

LA CABEZA DESANDA la oscuridad de la noche. Encuentro a mi madre sumergida en la más turbia contemplación del vacío (nada más desolador como una mujer cuyos silencios arrastran tantas cadenas, tantos nombres, tanta secuencia indiferente).

Busco en los bolsillos la oración de los muertos. Un sumergible antiquísimo como la edad de mi padre hace de feto horrorizado (algo no humano nos engulle). El viento se hace rugido, golpea la puerta. Es casi una orquesta en marcha. Máquina de estómagos hambrientos.

El azul es una niña sosteniendo un máuser.

ASUSTO (METO MIEDO). Maquino la itinerante cofradía del espanto. Me he quedado sin bien, sin golletes para rebanar, sin despojos o bosques para el empalamiento de las robustas sombras matutinas.

Soy de un cuerpo cuyas grietas se expanden refractariamente (como carcasa, como ceño, como eludiéndose a sí mismas en la modalidad de la caza con ballesta).

Asusto desde el cuenco de las manos, desde la habitación a oscuras, desde el fango acumulado en la cicatriz de mi ombligo.

Yo causo todos los miedos, todas las huidas aterradas, el estremecimiento y mordaza tras las puertas vecinas. Yo, el del cajón repleto de esqueletos, cuchillo en mano, irrevocable, arrastrando las cadenas de lo inútil.

NODRIZA Y AMARILLENTA como una luna para lobos, la mar recibe su noche blanda. Cada boca, cada estercolero, cada impacto en el cielo de los ojos. Aguardo la sacudida en el hombro, el capítulo en ciernes de los desembarcos.

De repente descubro el frío rojizo en los parpados, la helada cicatriz de una esvástica.

Madre aprieta mis manos, cubre mis huesos, me regala una sonrisa con la sal de sus lágrimas. Madre me besa. Madre me acaricia. Madre es empujada junto a los demás (de un portazo queda dentro, araña las paredes, escucho la nada con la que muerde su lengua).

Madre me sacude. Madre intenta decirme algo. Madre busca en su delantal la vieja receta de una sopa.

BOCA NEGRA MIS OJOS (ataúd de los desmembramientos, sala atestada de proscriptos). Imagino la macabra sonrisa titiritera, la cuajada esencia del miedo; esa temible y rotunda aridez estampada en las vísceras de los que aguardan una última cena.

Acumulo derrota tras derrota, solsticios de perennes oscuridades, trastos naufragados en el viscoso espectro que es mi carne. Estoy sentado sobre las mismas ruinas de mi pecho (tan cabizbajo que hasta a la muerte asusto).

ALGUNOS GRADOS A LA IZQUIERDA, rincón repujado, hendido en sí, casi en la forma fortuita de una cripta. De envoltura siniestra, intrusa, urgente, poco elegante; tarantín quebrado, como paquete albergando estrías en la aciaga toxicidad madura de cualquier jarra de vinagre (queda lo que queda y es lo que es) descansa una sombra.

Me observo con atención minuciosa. Con ganas de cualquier suerte. Con la mirada extraña de lo roído: soy de un gesto refractario; una paloma inútil, tajo de maquinaciones capciosamente herido.

Así, a escasos milímetros de lo horrendo, enclavado entre costillas (como si hubiesen sido Christo and Jeanne-Claude los autores de tal desgajo) la apilada y ensortijada quietud de los dientes (oro deslucido de estertores) descubro esa sonrisa, el cuaderno de apuntes, la podrida esfera de unos cuencos, el escuadrón de hierro  de Josef Mengele.

MIS ESCAMAS (brocales pecaminosos, encíclicas, adversas). Mis letras (legumbres perecederas, ocio de embriagues, nenúfar de redondos filos en el ala asustadiza de los chopos). Bajo piel (dientes de perro, lava, azufre cristalizado como si fuese colmena de incólume asidero en la región de una posdata). Dedos, manos, pies, la hiedra matinal mondada a cuchillo.

Existo de una extraña manera (la hondonada razón de lo ambiguo responde a la pavesa). El viento cruza sus dedos (yo me oculto en la palabra). Todo lo que soy concluye en marejadas, en sumideros, en la nodriza persistente vastedad (los relojes reaparecen para marcar finales; late muy a prisa un crisantemo).

GRISES PULIDAS OSTRAS entraron al campo (desfila la muerte sobre el orgulloso *Diesel*). Madre ríe en forma extraña; susurra cosas, cosas ininteligibles para el momento. Cosas impregnadas de una rara sensación a esquirla, de un escalofriante y quieto espectáculo resonante.

La cruz de hierro da las órdenes. La cruz de hierro con sus ametralladoras. La cruz de hierro acompañada de perros. La cruz de hierro disparando a los cráneos, a los cuerpos negros, descompuestos de los rebelados (la hoja de un cuchillo había destripado la inmunda suciedad de un SS).

Y a marcha forzada sobre la desnudez de la nieve somos llevados a presenciar la horca. Una docena de harapos se mecen al viento. Una docena, más nosotros.

TODA EL HAMBRE, toda la sed del hombre en el rostro verde de los huesos (la madrugada descarga costales de ojos sobre el alto lienzo astillado). Tiemblo junto al cuerpo helado de mi padre. Tiemblo junto al camarada; tiemblo junto a la muerte que también tiembla renegando de su vientre. Una densa atmósfera de estalactitas escarba nidos en los pechos siniestrados de Palestina (huimos de las parentelas navajas del hermano).

Ya no es el hombre. Ya no es la carne. Ya no es su rostro el rostro gutural de los silencios apilado en el fardo sudoroso de una camisa (es esa cicatriz la apertura sombría de un hocico pavoroso; todo su despojo reunido en el engranaje prematuro, mordido, de las esquirlas).

ELLA, LA QUE NO ES MI MADRE, golpea cada hueso con su bastón; a patadas, matábamos con la tranquilidad de quien sostiene una taza de café en lo fresco del alba.

Labios azules, labios negros, labios de animalejos. Bestias ensangrentadas, podridas en la boca. Y el oficio, antiquísima hez aprendida en los campos de exterminio (cascada la voz sin llanto de los infantes mordidos por las balas).

Una gélida algazara, como de robustas larvas come carne, hundía muy dentro sus nidos.

NO HUBO NOCHE MÁS OSCURA que la nuestra, su sexo de niña derramado en el rostro como un zarpazo de bestia mecánica (estela devoradora de polígonos, cosa maltrecha y asustada).

Cuerpo, espuma, moho. Refractiva memoria de desgarros.

Así, encarnecida en el jamás de las herrumbres y lo menesteroso del cieno, oda corrompida por las sales, sombras y mitades presentes en el viento, hincó su ser sobre el mío (la muerte y yo nos desposamos).

REDIL DE LO INNUMERABLE (siniestra germinación de esqueletos). Las olas se arrastran como lava sobre gris arena de cercos.

¿Qué busca Dios con la agreste partitura del estéril armazón infrahumano en el que bailo lapidarias notas superpuestas?

El hambre, único ser vivo, inyecta la puntiaguda escharcha invernal en lo encorvado de los ojos (yo me espanto cuando despierto en el vagón atestado de carne putrefacta).

Por qué nosotros. Por qué el jamás agotarse la insomne algarabía pestilente… Toda la sed del universo quema la garganta… De los abismos y su fango algo me succiona.

La muerte busca un trato de mutuo acuerdo. La muerte y su calavera en lo alto del quepis. La muerte que osaba preguntar por coronas de oro en las bocas del hambre (la muerte como espanto horrorizada consigo misma). La muerte como tormenta, como insignia, como rostro desencajado frente al espejo de la propia acritud.

La muerte sorprendida en el absurdo de los roles. La muerte que es joven y levanta muros. La muerte empollando un cascabel atómico (la muerte que pregona su paz desde la salvedad de lo cruento)…

El tren se detiene. Hombrecillos de rojo desmontan las compuertas. Abro mis ojos: busco a mi madre. El campo arde asimétricamente.

BANDERAS TRAGAN LA BOCANADA de azufre. Columpios de esperas despliegan una intentona súbita y mundana (señalamos a mi padre, su suerte, el nevado bosque de las muecas). Madre me acompaña. Madre (inevitablemente lánguida) encallada como brizna mordicante, todo un nudo de graznidos, baja conmigo ante el mirar nublado de los comunistas.

El libro de los muertos queda tirado sobre los rieles de Treblinka.

PENETRA LA EXTENSA MAR el salado cielo de la espera. Devora el óxido escarchado el misterioso lampo en el espejo.

Totalmente obtusa, totalmente culpable de las contemplaciones, incorporándose a la inundada ausencia, al líquido revés de las propias lágrimas, como vestida por lo molecular de las brisas, por embrujamientos y resinas, por la herrería agreste encarcelada, sueño a mi madre.

Todo se despierta a mí alrededor. Todas las cosas sudan el lienzo mojado de las tinieblas (Jerusalén, es un pedazo de rencor acordonado por fieros sarcófagos amarillos).

DIBUJO A MI MADRE (un sobresalto de enlutadas formas merodea el prisma que es su deidad). Me oriento como nave antigua de vela rasgada, roto timón, hocico de pájaro alquimista, indefinible, sin embargo cierto.

Hallo lo descosido de un botón próximo a los senos. Ella sonríe como un olivo inmóvil, como un cedro amarillo, como una tarde lluviosa tristemente podrida de altoparlantes.

Dibujo a mi madre. Creo que la dibujo, pero mi sangre apenas mancha el papel, apenas.

EL HOMBRE SE LEVANTA para escrutar la enormidad de un áspero lugar de penumbras. El hombre y su mortaja de estalactitas. El hombre y sus noches asidas como mangas, como lienzos grises, como espacio o red o cintas, como bosque bajo la tormenta y los ulúlales etéreos de un cincel.

El hombre y la piedra. El frío mármol de las galeras. Tambores que lentamente encumbran la mirada para estallar en las vociferaciones de los dedos.

El hombre azuzado desde dentro. Condenado desde dentro. Configurado para hacer de sus navajas carne chamuscada, esqueleto, viñeta ruin de un espanto (el hombre mordido en los labios, sumido en harapientas cruzadas de continuidad, torpemente humano).

El hombre, de bisojas piltrafas enmarcadas, sube al escenario (la frenética estatura de los buitres aplauden al hombrecito).

El hombre escarba en la garganta, cierra los ojos, invoca un empellón. El hombre se acerca al micrófono (uno, dos, tres).

EL MIEDO REINA EN EL SILENCIO de lo oscuro. El miedo como capirote de viejas sombras al asecho, garganta de niebla, maquinal, esdrújula (respiro con la normalidad lancinante de las huellas en las armas de combate, sobre el percutor; otrora espectáculo de caza los domingos).

Llevo sobre mis hombros la cicatriz ajena del ojo enemigo. La intemperie en el desgarro espeluznante de la carne, la mueca quebradiza en el rostro ahogado de un infante con rojo atardecer caído (y la ciudad se amuralla a sí misma).

ME ATASCO EN LOS OFICIOS clandestinos, entrañables, turbios como una izquierda casaca abotonada hasta el cuello. Lo que soy deambula en las lloviznas hilachadas de la sutura (duerme).

Apenas he volcado la furtiva envoltura de las cosas (el ajeno gesto de las huellas de absoluta perplejidad instintiva parece arrojarme al afilado ápice de lo voraz).

Una inocente cadena de hechos revuelve mis intestinos. Leo en los periódicos el ulular de las balas.

MI HERMANO HA VUELTO A LAS ANDANZAS. Una urticaria le había vencido (huía de los espejos). Mi hermano, cuyo ombligo rústicamente grande jamás termina de cicatrizar, salió desde la más temprana de las tardes y es apenas cuando regresa, sudoroso y mal oliente, pero encantado con alguna retorcida cuestión (ese dejo malvado de larguísimas piernas en la comisura de los labios).

Mi hermano de enmarañadas hebras en la barbilla (ciertamente feas, ridículas, casi amarillentas) se rasca o limpia o pretende que lo hace sobre el empeine de su hombro derecho; como si no tuviese manos, ni mugrientas uñas, o fuese ocurriendo que alguien, muy aparte de los ojos de mi madre, siempre internos en la propia voz, en el propio espectáculo, aborreciendo el descalabro de las cosas comunes, quisiese tomar en cuenta toda la mancha reseca de sangre en la empuñadura de su cuchillo.

Es de mañana y le ofrezco un gesto de significativa dualidad introspectiva; guiño mi ojo, bajo la cabeza, me interno en la oscura habitación de la que apenas he salido antes (prefiriendo los filtrados gemidos de mi hermana, que desde lo alto y superior de su covacha, canta avemarías sobre un juvenal *brontosaurus* inglés).

Oigo a mi madre pedirle la camisa a mi hermano. «¡Ve y date un baño!», le besa.

MADRE ESTÁ QUIETA y es como un silencio rancio de apagadas nubes dejada sobre la vastedad desértica de las dunas (ella respira por el descalzo orificio de las sombras).

Lo aledaño brama sus rupturas (sin embargo en mi madre reina cierta mescolanza de inmateria, la esponjosa fisura inalterable, algo agazapado allí dentro).

Madre es y no es (sus ojos, su boca, el capullo antropomórfico de sus manos). Madre al fin se mueve; lame sus labios, vuela.

Madre vuelve a posarse (esta vez sobre el atril huesudo de una vaca).

EL VIENTO LEVANTA POLVORERAS: hojas, envolturas plásticas, granos de arena. El viento de paseo por el entramado de la calle (arrastrando consigo todo lo que encuentra).

El viento y los andamios góticos de la catedral; portones de hierro, tapas voladoras, vaivenes de lienzos en las ventanas vecinas, en las propias y sus desgarros.

El viento que madruga en el rostro ajeno reflejado en los cristales (el viento amarillo, histéricamente impredecible, de castañuelas en los dedos). Abundante en los enredijos batientes de la nada; sustancia lanzada a la moribunda buhardilla de la calle sin salida (y allá en el fondo las lindes del cementerio, en donde mi hermana y sus amantes del clero han enterrado los embarazos no deseados: algunos fetos del amor).

Todo mi cuerpo se resiste a la hendidura de las cosas, al ulular de las palabras. Soy en forma clandestina un fajo de sombras a discreción, un escaparate de inverosimilitudes, el uso menor de los abrevaderos (renacuajos pueblan mis cicatrices).

Y allí está el viento, confundiéndolo todo, metiéndose a la casa, trayendo a mi aposento el murmullo despiadado de las carcomas… (Busco bajo la cama el viejo revólver de mi padre; apunto a la puerta, disparo).

MADRE SE ARRASTRA (en el nido queda la escamosa piel de los desvelos). La sombra de mi madre viste de transparencias un sonrojado pezón en la izquierda levedad de su estambre (en el aire anida el muco graznido de los cencerros). Yo corro a esconderme (no quiero convertirme en piedra).

Mi hermano yace en el sofá. Se ha vuelto azul desde que lo trajeron con un tiro en la frente. En cuanto a mi hermana, recuerdo verle escapar llevándose con ella la extraña entidad de un sacerdote.

Madre entra en la cocina (la escucho trajinar en los silencios de su talle). Yo escribo guturalmente sobre lo infinitesimal de los signos fulminantes.

Madre hace que mi hermano se levante de su muerte (madre me hereda un escapulario). Todo permanece bajo la nodriza abnegación de la arcilla.

Y AHORA SOY LO QUE HA QUEDADO (el tañido, lo hojeado, el zurcido de las cejas). Todo extrañamente remiso como bucle de espantajos.

Me apena el parturiente espectáculo de la clarividencia; la roja llovizna en el confín del resquicio (mala hora y malos sueños, por demás)… ¿Dónde te busco? ¿En qué lugar cauterizas los cuatro tornados cuyas ballestas eyacularon la carne del nosotros?

Madre viene a mí. Madre con sus ojos de fango, con sus ojos de siempre, con sus ojos atados al sendero expiatorio del insomne.

Ella pregunta, ella respira, ella persiste en la urdimbre de las disertaciones (madre en la sustancialidad, madre con el regazo desnudo, enhebrando reveses, hundida en la garganta, de carente tálamo dulzón).

Así es el vacío, así es la humareda que le cubre (corral impenetrable de muchas bocas).

OTRO FANTASMA EN LA ESQUINA de mi cama. Otra silueta con sed, pétrea, innombrable, convexa (mis únicos pensares, mis únicas huellas, el izquierdo arquetipo de los cuervos).

En la calle, el ruido absurdo de los atuendos (ha muerto un suicida: prójimo gordo, trajeado de escarlata; lanzado desde el campanario y sin que yo viera el rostro de mujer propinando el empuje).

Odio las patrullas policiales. El cerco y las manipulaciones.

Las preguntas (mi hermana ha regresado con hambre. Se prepara un emparedado. Mira por la ventana)… Otro fantasma estupefacto. Otra silueta, otro cura.

LAVO MI CARA (eso que soy cesa ante el instante que es la espalda de los ojos). Me ata la redondez escaldada de una lámpara, el último atuendo siniestrado con NAPALM (una chica que corre blandiendo el espejo de sus alas).

LAS LENGUAS DE LAS MOSCAS posan sobre sus labios (moscas con lenguas y torsos y labios, moscas) azules, rojas, peludas, subrayadas con gamuza porosa e intestinal (la frente de mi hermano brinda una bizarra alegoría gelatinosa que las atrae).

El rostro pardo de un cangrejo recorre el andamio donde mi padre dejó su sombrero. Yo muerdo una manzana, juego con el lápiz (garabatos y mantras, garabatos).

Los ojos de mi hermano viajan acuchillados como un racimo de pasas. Los ojos de mi madre se ven oscurecidos (lagunan un listón enfermo e impredecible, pero hermosos).

Así permanezco, articulando señales (análogas señales, augurios). Hago índice en la llovizna descarnada de la tarde, en el velo amarillo de las elipsis, lo atónito.

Kanagawa es una ola.

IZQUIERDA EL HORIZONTE, la mar. Desde el tejado la tempestad parece estar anidando la ingente desazón de la espuma. Todo lo profundo navega sobre un lustro de alas negras (cierro mis ojos, soy de una incorporeidad capciosa dispuesto a cualquier arrebato).

Hablo con mi sombra. Siento la brisa asustadiza del verano. Los oros azules se levantan como espigas en las cláusulas mudas y distantes (dice mi madre que a mi padre lo colgaron un día como el de hoy).

Yo sueño a mi padre llamando a su madre en los campos de exterminio. Yo sueño a mi madre parida de frutos frente al cuerpo burlón, camarada, raro de una lengua. Me sueño igual e igual compilo la heredad pétrea que es toda la orfandad de los mundos.

Esta es mi casa (inmanencia espectral al fondo de la calle). Aquello que toco se disuelve en banderas de latitud, en escozor memorable, en cimientos asimétricos de nostalgias.

Cuando veo la mar, escribo poemas como estos (Ibaraki parece estar a la vuelta de la esquina).

O ES LA PIEDRA O ES EL BOSQUE o la silueta. Gris y perfumando el viento, Ella, colocada allí como capullo, alelada.

Mi hermana descansa la cabeza en las rodillas (la falda en un vals columpia el tiempo). ¿Quién es en su boca el relato negro de las heridas?

Yo creo que mi hermana es bonita, para ser tan lánguida y triste y peligrosa (una cascabel diminuta y temperamental dormida bajo el sol).

Las hojas caen y todo el paisaje es un semblante de posesas alegorías en la ventana. Yo ensayo el balido amaestrado en sus ojos…

BEBO LA INQUISITIVA IRIDISCENCIA del paréntesis. Los intervalos sordos de la dispersión. El discurrir milenario de lo dúctil (espejos que narran y marcan y estremecen lo denodado, el tajo sibilino en la teoría humana del caído, máscaras de vocablos superpuestos, guirnaldas).

Es un silencio apoyándose en sus manos y unas manos sobre la solidez del reflejo; lo que soy tarda un mundo en saberse presente (para soñar he tenido que nacer enrojecidamente absurdo).

A ESTAS HORAS DUERME EL MONSTRUO. A estas horas mi madre y mi hermana son libres (dos costales de sombras). Lavo mis dientes y en la calle aguarda la llovizna.

Mi hermano fue enterrado vistiendo una camisa de las que tenía mi padre; también hoy le recuerdo, igual hoy, semanas al corriente (dejo de lo inútil). El viento aúlla la hendijada costra de una herida, me demanda.

«¡He tenido un sueño horrible!» Dice la mujer mientras busca con somnolencia la mirada oscura e inanimada de mi torso (el monstruo despereza sus garras, las arrastra por el espejo, produce estática)…

GRIS ESPANTO EL BOSQUE de infinitos. Los números se saldan con estocadas. He cavado un túnel de tiovivos (alquitrán revés y parturiente). Siento horror occipital, mercadotecnia naranja, estorninos iridiscentes, gula.

De lejos el sonido cascado de los golpes a martillo del cerrajero. Aquí dentro la gotera que inunda la agrietada ruina atónita.

Mi madre aflora insoportablemente humana en mi puerta, me sonríe.

ESCAPARATE DIURNO. Los números juegan a viejos abrazos nocivos. El comedor es un bestiario escurridizo, trampa para moscas.

He sido arrastrado hasta allí (ocupo el desollado cuerpo de una silla). Madre, mi hermana, ella, quebradizamente juntas, orbitan la mesa como leopardos marinos, voraces.

«¡Entonces, eres el hombre de la casa!», parecen decir.

Y al cerrar los ojos, convertido en mi padre, Treblinka como alfombra en el arnés del pulso, veo caer las migas de pan sobre la sopa. …

Esta edición de *Oráculo de sombras* de **Jimmy Valdez-Osaku** está disponible desde los primeros días de junio 2016. Edición y cuidado de mediaisla editores, ltd kingwood, tx mediaisla@gmail.com

www.ingramcontent.com/pod-product-compliance
Ingram Content Group UK Ltd.
Pitfield, Milton Keynes, MK11 3LW, UK
UKHW041916190726
13854UKWH00003B/1283

9 781365 191169